Lucien Louis-Lande

Les Cagots et leurs congénères

Histoire

ISBN : 978-1985355927

10 9 8 7 6 5 4 3 2 1

Lucien Louis-Lande

Les Cagots et leurs congénères

Histoire

Table de Matières

Section I   6

Section II   17

Section I

Depuis le moyen âge, on désigne sous le nom de *cagots* toute une classe de malheureux, véritables parias, répandus naguère encore sur le versant septentrional de la chaîne des Pyrénées. Objets de l'aversion générale, les cagots passaient pour malsains : ils avaient, disait-on, l'haleine fétide, et de leur corps s'échappait une odeur repoussante, surtout quand le vent du midi soufflait ; leurs oreilles étaient arrondies, sans lobe, et l'on pouvait voir sur leur langue de petits grains semblables à ceux qu'on trouve sur la peau des porcs ladres. En même temps, il n'est pas de vice ou de crime dont on ne les crût capables : on les disait odieusement lascifs, présomptueux, hâbleurs, violents, cupides et de mauvaise foi ; on supposait qu'ils vivaient en relation avec l'esprit malin, qu'ils ensorcelaient les troupeaux et qu'en approchant du berceau des enfants, ils pouvaient, par leurs regards ou leurs caresses, les frapper de maladies incurables ; Aussi les tenait-on prudemment à l'écart : ceux des villes étaient relégués dans un faubourg spécial où les personnes saines se lussent bien gardées de mettre les pieds et d'où ils ne pouvaient sortir eux-mêmes sans porter sur leur vêtement et bien en évidence un morceau de drap rouge taillé en patte d'oie ou de canard ; dans les campagnes, ils habitaient de pauvres cabanes, groupées fréquemment à l'abri des murs d'un château ou d'une abbaye, et séparées des villages par un cours d'eau, ou un bouquet de bois. Ils entraient dans l'église par une petite porte à eux réservée et se plaçaient à l'extrémité de la nef, derrière les fidèles qu'une balustrade en bois préservait de leur contact impur ; ils prenaient de l'eau bénite dans un bénitier particulier ou la recevaient du bedeau au bout d'un bâton ; on ne leur offrait point le pain bénit ; ils ne s'approchaient de la sainte table qu'après tous les autres, heureux encore quand ils n'en étaient pas exclus, et dans les processions, ils marchaient les derniers ; ils ne pouvaient faire partie du corps de fabrique, et n'étaient reçus dans aucune confrérie de pénitents. Après leur mort, leur dépouille était enfouie, sans nulle solennité, dans un cimetière particulier ou dans un coin du cimetière commun. Du reste, sur les registres des paroisses, comme sur les actes civils, leur nom était toujours accompagné de cette épithète flétrissante de cagot. Ils n'étaient admis nulle part aux honneurs ou aux fonctions publiques, et le seul emploi qui leur fût confié parfois était celui de fossoyeur. Ils exerçaient généralement la profession de charpentier ou de bûcheron, et la fabrication des cercueils leur était réservée. Ils étaient également chargés de construire les potences et les instruments de supplices. On ne leur eût pas permis de faire à la guerre office de combattants, mais leurs services comme charpentiers étaient utilisés pendant les sièges. Plusieurs encore étaient tisserands ; ceux-là le plus souvent se voyaient contraints de travailler pour le dehors, les gens du pays ne leur donnant presque rien à faire sous prétexte que leur drap serait *encagotté*. Ils étaient en beaucoup d'endroits exempts de tailles, eux et les biens qu'ils tenaient d'héritage, mais il leur était interdit de porter aucune arme ni aucun outil de fer autre que ceux dont ils avaient besoin pour leurs métiers, de traverser les villages pieds nus, d'entrer aux moulins pour y moudre leur grain, de venir boire aux fontaines ou laver aux lavoirs communs, d'entretenir aucun bétail, si ce n'est un cochon pour leur provision et une bête de somme, — encore n'avaient-ils pas pour ces animaux la jouissance des biens communaux, — de labourer, de danser et de jouer avec leurs voisins. On ne les entendait en justice qu'à défaut d'autre témoignage, et il ne fallait pas moins de quatre ou même de sept cagots pour valoir un témoin ordinaire. Ils ne pouvaient se marier qu'entre eux, car la famille qui les eût accueille se fût déshonorée, et un père eût mieux aimé voir mendier sa fille que la donner à un cagot. D'autre part, on ne perdait pas une occasion de leur rappeler leur infamie ; les cris, les chants injurieux, les accueillaient au passage : « Qu'as-tu fait de l'oreillon, Jean-Pierre, mon mignon ? l'as-tu donné à l'enchère ? » Quand un mariage de cagots avait lieu, c'était à qui prendrait part au charivari ; bien vite les beaux esprits du village composaient une chanson grossière, en forme de litanie, où tous les gens de la noce étaient compris et dont on accompagnait le cortège : « Pourquoi ces cuillers et ces fourchettes ?

— Pour faire la noce — De notre sœur Marguerite.

— Et qui invitez-vous à la noce — De votre sœur Marguerite ?

— Nous y invitons Tran de Pau, — Notre grand-maître ; — Estrabeau de Monein, — Notre grand souverain ; — Téberne de Labastide, — Notre grand guide ; — Maysonnade de Sunarthe, Laborde de Montfort, — Pessot de Lajuzon, — Pour leur faire honneur… »

Souvent alors des rixes éclataient, le sang coulait, mais les pauvres parias, moins nombreux, avaient presque toujours le dessous.

Cette situation exceptionnelle des cagots ne pouvait manquer d'attirer sur eux l'attention des savants et des historiens, et en effet, pour ne citer que les principaux, Marca, Court de Gébelin, Palassou, s'en sont incidemment occupés ; plus récemment, M. Francisque Michel leur a consacré la plus grande partie de son curieux ouvrage en deux volumes sur l'*Histoire des races maudites de France et d'Espagne*, et M. le docteur de Rochas à son tour, l'un des membres les plus actifs de la jeune Société savante de Pau, vient d'en tirer la matière d'un livre aussi intéressant qu'instructif. Du reste, il ne faudrait pas croire que la région française des Pyrénées eût seule le triste privilège de fournir asile à cette population de parias. On trouve dans le nord de l'Espagne, au midi et à l'ouest de la France, certains groupes d'individus qui, sous des dénominations diverses, présentent avec les cagots de singulières analogies ; tels sont les *agotes* de Navarre, les *gahets* de Guyenne, les capots de Languedoc, les *cacous ou caqueux* de Bretagne. Voici ce qu'écrivait au commencement du XVIIe siècle, alors que le préjugé était encore dans toute sa force, don Martin de Vizcay, prêtre navarrais : « En Béarn, Navarre et Aragon, il y a une race de gens séparée des autres en tout et pour tout comme s'ils étaient lépreux et quasi excommuniés. On les appelle communément *agotes*. Exclus des centres de population, ils habitent des chaumières écartées : ils n'ont pas capacité pour les charges et les offices de la communauté ; il ne leur est jamais permis de s'asseoir à la même table que les naturels du pays. On croirait s'empoisonner en buvant dans un verre qu'ils auraient touché de leurs lèvres. A l'église, ils ne peuvent dépasser le bénitier. Ils ne vont pas à l'offrande près de l'autel comme les autres ; c'est le prêtre qui après la cérémonie se rend à la porte de l'église où ils se tiennent pour recevoir leur obole. On ne leur donne pas la paix à la messe, ou, si on la leur donne, c'est avec le revers du porte-paix. Traiter de mariage avec eux serait chose aussi inouïe et abominable que si un chrétien parlait de s'unir à une Moresque. Je me rappelle que dans mon enfance on leur défendit toute espèce d'armes, à l'exception d'un couteau sans pointe… La passion et la rage sont arrivées à un tel point qu'on leur, impute des infirmités qu'ils n'ont pas, comme d'être punais, de n'avoir pas besoin de se moucher,… de naître avec un petit bout de queue et autres absurdités qui, bien que contraires à ce qui se voit et se sent tous les jours, se répandent malgré tout… »

Les gafets ou gahets de Guyenne font leur apparition dans l'histoire vers la fin du XIIIe siècle, en même temps que les cagots. Eux aussi étaient tenus pour ladres ; ils avaient à l'église une porte, une place et un bénitier réservés, et ils étaient enterrés séparément. La coutume du Mas-d'Agenais, rédigée en 1388, défend à quiconque « d'acheter, pour les vendre, bétail ou volaille de gafet ou de gafete, ni de louer gafet ou gafete pour vendanger. » La coutume de Marmande défend aux gafets d'aller pieds nus par les rues et sans un « signal » de drap rouge appliqué sur le côté, gauche de la robe, d'acheter ni de séjourner dans la ville un autre jour que le lundi ; elle leur enjoint, s'ils rencontrent homme ou femme, de se mettre à l'écart autant que possible jusqu'à ce que le passant se soit éloigné. Celle de Condom ordonne de leur abandonner les viandes corrompues saisies chez les bouchers. Vers la même époque, les gahets de Bordeaux, charpentiers de leur état, étaient rassemblés dans un faubourg où ils formaient une sorte de communauté. Ils y avaient, au milieu des vignes, une chapelle particulière, aujourd'hui paroisse, appelée de leur nom Saint-Nicolas-des-Gahets, et ils payaient pour le tout un cens annuel de 16 sous au chapitre de la cathédrale Saint-André. Il leur était interdit de toucher aux vivres des marchés ni d'entrer dans les boucheries, les tavernes et les boulangeries. Ce terme de *gahet* était usité surtout dans le pays bordelais ; celui de *capot* ou de *cassot* dans la Gascogne et le Languedoc ; comme les registres des paroisses en font foi ; du reste, l'un et l'autre étaient souvent remplacés par le mot de *chrestian* ou *chrestien*, employé anciennement en Béarn sous une forme identique, *chrestiaa*, pour désigner les cagots. Si maintenant nous tenons compte que les agotes de Navarre, dont le nom n'est qu'une traduction de cagots, sont appelés également dans une foule de textes *gafos* et *christianos*, il n'est pas douteux que, malgré les distances qui les séparent, nous n'ayons affaire, des deux côtés des Pyrénées, à une seule et même classe d'individus. Le plus vieux document qui parle des parias bretons est un statut de l'évêque de Tréguier ; il est écrit en latin et date de 1436. Il y est dit que les cacous (*cacosi*) doivent se tenir pendant les offices à la partie basse des églises, et ne pas être assez osés pour toucher les vases sacrés et recevoir le baiser de paix avant les gens sains. En 1475, un mandement en français du duc François II de Bretagne fit défense aux caqueux de : voyager dans le duché sans avoir une pièce de drap rouge sur leur robe, de se mêler d'aucun commerce que de fil et de chanvre, d'exercer aucun métier que celui de cordier, ni de faire aucun labourage que de leurs jardins. Deux ans plus tard, sur leur supplique, le même prince les autorisa à prendre à bail pour trois ans les terres les plus voisines de leurs habitations, mais sans leur permettre de « vendre ou distribuer à d'autres aucunes portions de bled ne autres fruits d'icelles terres, si ce n'est entre eux« » Mille contes extravagants couraient sur leurs mœurs ; ils étaient réputés sorciers : ils vendaient des sachets qui préservaient de tous les maux, jetaient des sorts, connaissaient des herbes dont la vertu faisait vaincre à la lutte ou à la course, et prédisaient l'avenir. Et, de fait, il est bien possible que ces pauvres gens, dans leur misère, aient cherché parfois, à tirer profit de la bêtise ou de la crédulité de leurs voisins. Leurs *caquineries* étaient situées en dehors des villes, au milieu des landes et des bruyères si communes en Bretagne, où ils trouvaient pour s'étendre tout l'espace nécessaire à leur industrie de cordiers ; quelques-uns aussi étaient tonneliers ou écorcheurs de bêtes mortes. Les caqueux dépendaient directement de L'autorité ecclésiastique ; ainsi ceux de Vannes se reconnaissent à plusieurs reprises vassaux et sujets de l'évêque, sans qu'on puisse pour cela, pas plus que les cagots, les assimiler à des serfs ; ils lui devaient à chacune de ses visites pastorales chacun un licol de bon chanvre pour son cheval, redevance qui se transformait d'ordinaire en, une modique somme d'argent ; mais, outre cette rente à payer à l'évêque, ils étaient assujettis à certaines obligations, comme de fournir les cordes des cloches des églises et chapelles, et aussi celles des potences pour l'exécution des criminels. Ils pouvaient posséder des biens, meubles ou immeubles, et les transmettre ; seulement ils n'étaient aptes à hériter ou acquérir que des gens de leur caste, et leurs biens ne pouvaient passer non plus qu'à des caqueux. Ils n'avaient droit de se marier qu'entre eux, et quand leur naissait un enfant, le curé l'enregistrait avec la qualification de *cordier-natif* ; même en quelques paroisses, par surcroît de précaution, les baptêmes de ces nouveau-nés étaient inscrits à la fin du registre, à l'envers, pêle-mêle avec les bâtards. En somme, la relation ne saurait être plus intime entre la condition sociale des cordiers bretons et celle des parias du midi. Comme on l'a pu voir par tant d'exemples, l'autorité ecclésiastique, non moins que le pouvoir civil, était partout d'accord avec l'opinion pour repousser ces malheureux et leur interdire tout commerce avec leurs semblables. A quoi donc attribuer des mesures aussi rigoureuses et aussi barbares ? Évidemment, et M. F. Michel ne s'y était point trompé, à la croyance universelle alors, qu'ils étaient atteints de la lèpre. Chez les peuples anciens, et en particulier chez les Juifs, la lèpre fut toujours considérée comme un châtiment céleste infligé pour de grandes fautes : l'Écriture nous montre Marie, sœur de Moïse, et Giezi, serviteur d'Elysée, atteints tous deux de ce mal, l'une à cause de sa jalousie envers son frère, l'autre en punition de son avarice. De là l'idée d'une double souillure physique et morale qui entraînait non-seulement la séparation d'avec le peuple, mais encore l'interdiction d'approcher des choses saintes. Les rois eux-mêmes n'échappaient pas à cette dure loi, comme nous le voyons par Osias, roi de Juda. Irréconcilié jusque dans la tombe, la dépouille du malheureux devait être ensevelie séparément. Or on n'est pas sans savoir que la société chrétienne du moyen âge suivait en toute occurrence Les livres saints pour guides. Victime d'une véritable épidémie de lèpre, elle envisagea le fléau du même point de vue que les Juifs, et lui appliqua strictement la législation de Moïse. Ainsi s'explique cette sévérité inexorable soit contre les lépreux, soit contre les cagots tenus pour tels ; car, tandis que l'église entière avec l'évêque de Tréguier leur refuse le bénéfice de cette égalité dont tout homme doit jouir, ce semble, dans l'exercice de la religion et devant la mort, les divers règlements administratifs, qu'ils soient empruntés aux fueros du Béarn ou aux coutumes des villes, aux décisions des états de Navarre ou aux arrêts du parlement de Bordeaux, aux ordonnances des rois de France ou aux mandements des ducs de Bretagne ; tous jusqu'à la fin du XVIIe siècle multiplient à l'endroit des cagots les menaces et les prohibitions. A dire virai, dès cette époque les gens sensés n'étaient plus bien assurés que ces infortunés fussent malades d'une façon quelconque. Dans une pièce du 15 juin 1660, citée par Palassou, François Vellady, commissaire, en compagnie de deux docteurs en faculté et de deux maîtres chirurgiens de d'université de Toulouse, procédant par ordre exprès du parlement de ladite ville, après sérieuse enquête faite sur le corps et le sang de vingt-deux personnes, dont un enfant de quatre mois, tous charpentiers ou menuisiers, soi-disant cagots, pour voir si les soupçonnés ou quelques-uns d'entre eux étaient atteints de ladrerie ou de quelque autre maladie qui y eût quelque affinité, déclarent d'un commun accord avoir trouvé les vingt-deux personnes dont il s'agit toutes bien saines et nettes de leurs corps, exemptes de toutes maladies contagieuses et sans aucune disposition à des maladies qui dût les séparer de la compagnie des autres hommes. Treize ans après, un conseiller du parlement de Bordeaux, Florimond de Rœmond, écrivait à propos des gahets : « J'ai toujours pensé que cette ladrerie corporelle qu'on leur attribue provient de la ladrerie spirituelle de leurs pères, car les médecins ne sont pas d'accord que ces hommes soient tachés d'aucun mal contagieux… D'ailleurs ils sont forts, robustes et gaillards comme le reste du peuple. » Enfin, dans le même temps, on procédait en Béarn à des enquêtes semblables qui toutes donnaient le même résultat.

Quoi qu'il en soit, c'est le parlement de Rennes qui ose en France prendre l'initiative d'une réforme. En 1681, sur les instances de Pierre Hévin, savant jurisconsulte et avocat, un arrêt rendu en faveur des caquins du hameau de Kerroch ordonne qu'ils seront traités comme les autres habitants de Saint-Caradec-Hennebon, leur paroisse, et déclare abolies à l'avenir ces dénominations de lépreux, ladres ou caquins ; l'arrêt porte en outre qu'il a été mal et abusivement ordonné par Mgr l'évêque de Vannes en 1633 quand il décidait que les femmes desdits exposants ne seraient purifiées que dans leur chapelle particulière. Par malheur, les préjugés populaires ne se détruisent pas d'un coup de plume ; une chose indignait surtout, c'est que les parias pussent désormais être enterrés, eux aussi, sous les dalles de l'église, selon l'usage du temps. Moins de six ans après l'arrêt du parlement, deux des cordiers de la caquinerie de Pluvigner étant morts, malgré la présence des autorités et le courage du recteur de la paroisse, la foule irritée se rua sur les corps et les chassa de l'église. Survint un nouveau décès chez les caquins ; cette fois ce furent les femmes qui saisirent la bière et l'allèrent jeter sur le chemin de la corderie. Pour mettre fin à ces désordres, le sénéchal de la cour royale, d'Auray se rendit sur les lieux en grande pompe, et fit former le cortège dont il prit la tête ; mais, accueilli par des injures et par des coups de pierres, puis, bloqué dans l'église où il était entré avec le convoi, il eut grand'peine à se dégager. Derrière lui, on se hâtait de déterrer le cadavre et de le jeter de nouveau sur la grande route. Pour le coup, c'en était trop, et force devait rester à la loi. En effet, quelques jours après, le corps fut réintégré dans sa sépulture à l'église par les soins de la maréchaussée ; en même temps un certain nombre des mutins étaient envoyés à la maison d'arrêt pour y être « nourris au pain du roy » en attendant la sentence de la cour. Ils l'attendirent près d'un an ; six des accusés furent frappés de différentes peines ; les deux plus coupables, homme et femme, étaient condamnés « à la confiscation de leurs biens au profit du roy et à être conduits, tête et pieds nus, en chemise et la corde au col, sur la place publique d'Auray, lieu accoustumé aux exécutions de la haute justice, pour y être pendus et étranglés jusqu'à extermination de vie. » Toutefois ce châtiment exemplaire ne parvint pas à triompher de l'obstination des Bretons, et longtemps encore les mêmes scènes d'intolérance devaient se reproduire dans le pays.

Presqu'au moment où paraissait l'arrêt du parlement de Rennes, M. du Bois-Baillet, intendant du Béarn, instruit de la misérable situation des cagots, pensa qu'il serait humain et fructueux à la fois d'obtenir pour ces malheureux le redressement de tous leurs griefs moyennant une légère contribution qu'ils paieraient au trésor. Il en écrivit d'abord à Colbert, qui accueillit favorablement sa proposition, puis un peu après à Le Pelletier, qui venait de succéder au grand ministre comme contrôleur des finances. D'après ses calculs, la contribution ne pouvait donner moins de 45,000 ou 50,000 livres, ce qui, à raison de 2 louis d'or par tête, le louis d'or valant alors 10 livres, porterait à 2,000 ou 2,500 environ le chiffre des parias qui existaient dans la province. A cette communication était joint un mémoire sur l'état des cagots ainsi qu'un projet de déclaration royale ou lettres patentes qui furent en effet signées par Louis XIV dans le courant de cette même année 1683. La pièce est longue, curieuse et mérite d'être résumée : « Désirant, disait le roi, effacer toutes les marques de l'esclavage qui peuvent encore rester sur les terres de notre obéissance et lever toutes les distinctions qui n'estant établies que sur une erreur populaire ne servent qu'à troubler la concorde entre nos sujets... A cet effet, abolissons les noms de christians, cagots, agots et capots, faisons défense d'appeler ainsi par injure nosdits sujets affranchis par lesdites lettres. Voulons qu'ils soient admis aux ordres sacrés et reçus dans les monastères, qu'ils soient placés dans les paroisses de leur demeure indifféremment avec les autres habitants... Permettons à nos sujets affranchis de choisir leurs habitations où bon leur semblera, même dans les villes. Voulons qu'ils puissent être choisis pour toutes les charges des communautés dans lesquelles ils feront leur demeure, tant honorables qu'onéreuses... Levons les défenses qui leur sont faites de contracter mariage avec nos autres sujets. Laissons liberté de choisir telle profession qu'il leur plaira... Permettons de porter pour la défense de leur vie les armes permises par nos ordonnances... » Malheureusement, là aussi, le préjugé était trop fortement enraciné ; en vain les parlements de Navarre, de Bordeaux, de Toulouse, intervinrent-ils tour à tour pour que l'ordonnance royale ne restât pas lettre morte ; les cagots avaient bien perdu tous leurs privilèges, ils étaient rentrés dans le droit commun à l'égard de l'impôt, les maisons et les terres des anciennes cagoteries étaient désormais sujettes à la taille et aux autres charges de la communauté, mais les persécutions n'avaient pas pris fin, et ils se voyaient toujours, comme par le passé, en butte à la haine et au mépris général. Ce n'étaient pas seulement les gens du vulgaire qui se montraient le plus entêtés des vieilles idées : témoin Mgr de Revel, évêque de Sainte-Marie, mort en 1784, qui n'admettait aucun cagot à recevoir les ordres sacrés ; témoin aussi à Lurbe, petite commune du canton d'Oloron, certain curé, dont M. F. Michel a tout au long raconté l'histoire. En 1788, ce prêtre intolérant séparait encore dans la maison de Dieu les cagots des autres paroissiens : une auge placée à quelques pas de la porte leur servait à la fois de bénitier et de limite. Un jour, une cagote ayant voulu se placer devant la borne, le curé hors de lui se prit à crier de toutes ses forces : « Votre place n'est pas là, cagote, et sachez que moi, que je sois devant ou derrière vous, je suis toujours votre curé ; mais vous autres, que vous soyez devant ou derrière, vous ne serez jamais que de vilains cagots. » Un autre jour, un cagot ayant touché par mégarde l'encensoir, il le fît mettre immédiatement à la porte et lui interdit pour toujours l'entrée de l'église. Souvent il lui arrivait d'insulter ces malheureux en présence d'un nombreux public et de les traiter de damnés. Peu de temps avant la révolution, ce même curé de Lurbe intenta un procès à son frère aîné, seigneur de l'endroit, qui, faisant bon marché du qu'en dira-t-on, avait osé épouser une cagote ; il voulait qu'on le privât de tous ses droits et privilèges, mais le parlement de Navarre resta sourd à cette demande. Toujours d'après le récit de M. F. Michel, dans les premières années du règne de Louis XVI, un riche cagot des Landes fut remarqué à trois reprises différentes prenant de l'eau bénite dans le bénitier réservé aux personnes saines. Un ancien soldat, l'ayant appris, s'arma de son sabre et alla un dimanche guetter notre homme à l'entrée de l'église. Au moment où l'imprudent s'apprêtait à violer de nouveau l'interdiction faite à tous ceux de sa caste, le soudard lui trancha la main, que l'on s'empressa de ramasser et de clouer à la porte du lieu saint comme un avertissement pour quiconque serait tenté de suivre son exemple. Pendant la période révolutionnaire, au milieu du trouble et du désordre général, les cagots réussirent à faire disparaître en beaucoup d'endroits les actes qui constataient l'ignominie de leur naissance ; pourtant, à défaut d'écrits, la tradition survécut, et continua de signaler à l'aversion publique, la descendance des parias. Quant aux agotes de Navarre, dès l'an 1514, désireux de secouer le joug humiliant qui pesait sur eux, ils adressèrent une requête au pape Léon X, se plaignant « que les recteurs et vicaires des, paroisses où ils vivent font difficulté de les entendre en confession et de les admettre aux sacremens comme les autres chrétiens,... soi-disant parce que leurs ancêtres adhérèrent anciennement à un certain Raymond de Toulouse, qui fit rébellion à la sainte église romaine. » Trois ans après, ils s'adressèrent également aux états de Navarre assemblés à Pampelune ; mais là ils rencontrèrent un adversaire acharné en la personne de Caxar Arnaut, huissier du conseil royal, qui avait pris à tâche de faire repousser leur requête. D'après lui, l'origine de leur séparation est bien plus ancienne qu'ils ne disent, antérieure même à l'avènement de Jésus-Christ, « car elle date du prophète Elysée, quand Nahaman alla près de lui pour se guérir de la lèpre, et que le prophète, en saint homme qu'il était, refusa les dons qu'on voulait lui faire, tandis que Giezi, son serviteur, poussé par l'avarice, se les fit subrepticement donner ; sur quoi il fut maudit par Elysée, lui et tous ceux qui descendraient de lui. De sorte que les agotes, qui sont ses descendants, et non de la compagnie du comte Raymond, souffrent encore les effets de cette malédiction, car ils sont lépreux et corrompus en dedans, comme il appert manifestement par cette expérience que les herbes qu'ils foulent de leurs pieds se sèchent et qu'une pomme ou tout autre fruit se pourrit immédiatement entre leurs mains. Leurs personnes et leurs habitations sont infectées et contaminées. Voilà pourquoi leur communication avec les autres chrétiens serait très dangereuse et comment, quoique chrétiens, ils ne sont pas baptisée aux mêmes fonts que les autres. » En dépit de l'éloquence de Caxar Arnaut, les états, favorables aux agotes, insistèrent pour eux auprès de l'officialité de Pampelune, déjà chargée par le pape de toute cette affaire, et qui, au bout de deux ans, fit connaître sa sentence. Sans se prononcer sur la cause même de la séparation des agotes, et, statuant seulement sur le fait, elle juge les requérants fondés en leur demande, ordonne qu'ils seront rétablis dans tous les droits et honneurs des fidèles, et enjoint aux recteurs des paroisses de se conformer à ladite sentence apostolique, sous peine de censure et d'amende. Peu après, les agotes obtenaient de l'empereur Charles-Quint une cédule qui rendait exécutoire pour les effets civils l'ordonnance ecclésiastique dont ils étaient pourvus, et leur reconnaissait les mêmes droits qu'aux autres habitants des lieux de leur résidence. La cédule de l'empereur, comme la bulle du pape, fut lue solennellement dans les églises et proclamée par les rues. A l'Espagne donc revient cette gloire d'avoir, la première en l'espèce, conformé sa législation aux préceptes de la justice et de la charité ; il est vrai de dire que, pour les agotes, le résultat de ces bienveillantes mesures fut encore plus tardif que pour nos cagots. Les contestations, les procès, les arrêts sans nombre qui suivirent témoignent trop clairement combien les populations, soutenues sous-main par le bas clergé, se montraient hostiles à toute idée de tolérance. D'ailleurs, si en Navarre, conformément aux nouvelles dispositions, les agotes furent tenus désormais de payer les contributions de guerre et de prêter le service militaire tout comme les autres habitants, ils n'en restèrent pas moins exclus de certains offices pour l'exercice desquels le candidat devait fournir des preuves de « pureté de sang, » autrement dit, établir juridiquement qu'il ne descendait ni de More, ni de juif, ni d'agot, ni d'individu mis en pénitence par l'Inquisition, et cela dura jusqu'en 1819, où une loi supprima les preuves de *limpieza de sangre*. Bien plus, dans la province voisine de Guipuzcoa, où tous les habitants devaient posséder ce genre de noblesse, le séjour du territoire leur était interdit, et en 1694 un décret des juntes ordonna aux maires ou alcades de rechercher, chacun dans sa juridiction, les agotes qui y habitaient et de les expulser dans le délai de deux mois. Vers la fin du siècle dernier, un grand seigneur navarrais, le comte de Saceda, natif d'Arizcun, touché du malheureux sort des agotes de Bozate, voulut les soustraire aux persécutions de leurs voisins ; il les transporta dans la province de Guadalajara, non loin de Madrid, où il fonda une colonie qui prit le nom de *Nouveau Baztan*, et leur donna des terres à cultiver. C'était compter sans l'attachement passionné qu'ont tous les Basques pour leur pays natal. Privés de leurs chères montagnes, ne voyant plus autour d'eux que l'aridité monotone des plaines de Castille, ceux-ci furent pris bientôt de nostalgie, et la plupart revinrent à Bozate, préférant à l'existence de calme qu'on leur avait assurée la honte et les vexations qui de nouveau les attendaient en Navarre. Croirait-on qu'en 1842 leurs descendants furent obligés de s'adresser à l'autorité ecclésiastique pour réclamer contré le préjugé persistant qui leur imposait encore une place séparée à l'église et jusqu'au cimetière ?

Section II

Rien de plus facile, on le voit, que de reconstituer siècle à siècle et, pour ainsi dire, année par année, l'histoire des cagots : les documents abondent, et il n'y a qu'à puiser ; où l'embarras commence, c'est, lorsqu'on veut préciser, avec leur origine, la cause première de l'ostracisme qui les frappait. L'opinion la plus répandue, même dans le midi de la France, les fait descendre des Visigoths vaincus par Clovis à la bataille de Vouillé, dont les débris seraient demeurés dans le pays, et ce nom de cagots leur viendrait de *caas Goths*, en béarnais, *chiens Goths*, « ce reproche leur estant resté aussi bien que le soupçon de ladrerie en haine de l'arianisme, que les Goths avaient professé, et des rigueurs qu'ils avaient exercées dans le pays. » — « Mais, reprend Pierre de Marca, dans sa savante *Histoire de Béarn*, je ne puis goûter cette pensée, qui ne prend son fondement que du rencontre de ce nom de cagot avec l'origine qu'on lui donne, d'autant plus que cette dénomination n'est pas si propre à ces pauvres gens que plusieurs autres qu'on leur a données, comme de capots, gahets, gezitains et chrestiens,... lesquelles, non plus que le soupçon de vraie ladrerie, et la marque de pied d'oie ne peuvent s'accommoder à l'origine des Goths, qui étaient illustres en extraction, éloignés d'infection, et de profession chrestienne, quoique néanmoins arienne. » François de Belleforest, annaliste du royaume de France sous Charles IX, avait déjà présenté les mêmes objections, et d'une façon beaucoup plus précise : « D'autres dient que ce sont les restes des Goths demeurés en Gascoigne, mais c'est fort mal parlé, car la plupart des maisons d'Aquitaine et d'Espagne, voire les plus grandes, sont issues des Goths, lesquels, bien longtemps avant le sarrasinisme, avaient reçu la religion catholique pour quitter l'arianisme. » En effet, à certains égards, l'arianisme des Visigoths eût suffi à les faire considérer par les orthodoxes du XIIIe siècle comme doublement infectés ; grâce à la confusion introduite dans les idées par le langage mystique de l'époque, de l'imputation d'hérésie découlait naturellement le soupçon de ladrerie ; Grégoire de Tours ne donne-t-il pas le nom de lèpre à l'idolâtrie de Clovis dans le récit qu'il fait du baptême de ce roi ? Mais n'oublions pas que le catholicisme était devenu la religion officielle des Goths depuis que leur roi Récarède avait abjuré son erreur au concile de Tolède de 589, et tout son peuple après lui. A bien voir, s'il y eut des envahisseurs qui laissèrent dans le midi de la Gaule des ferments de haine et de vengeance, ce furent les Francs pour leurs effroyables dévastations depuis Clovis jusqu'à Simon de Montfort, et non les Visigoths, qui se montrèrent presque toujours humains et tolérants. Comment supposer d'ailleurs que les vaincus de Vouillé aient consenti à subir le joug de populations hostiles, quand il leur était si commode de passer, soit en Septimanie, sur ce territoire qui s'étend des sources de la Garonne au Rhône et à la Méditerranée, et que leurs compatriotes gardèrent encore plus de deux siècles ; soit en Espagne, où les Visigoths étaient si bien établis qu'ils devaient plus tard, avec le descendant de leurs rois, Pélasge, jeter en face de l'invasion arabe les premiers fondements de la monarchie castillane ? Enfin, il faut observer, que ces dénominations de cagots et d'agotes n'ont commencé à être en usage que bien des siècles après que la monarchie des Goths eut été détruite et oubliée.

Il est une seconde opinion très ancienne, celle qu'adoptèrent les parias de Navarre eux-mêmes dans leur supplique à Léon X, et qui leur donne pour ancêtres les hérétiques albigeois excommuniés par Innocent III ; mais où voit-on que les populations du midi, au XIIIe siècle, fussent si curieuses d'orthodoxie que de prendre en mépris et en aversion ceux que l'église de Rome avait condamnés ? Toutes au contraire, plus ou moins, s'étaient laissé gagner aux idées d'hérésie, et même après, qu'elles eurent abjuré en masse par crainte de l'inquisition, elles restèrent de cœur avec les proscrits et les protégèrent jusqu'au bout de leur complicité bienveillante. D'autre part, comme le fait observer Marca, les cagots remontent beaucoup plus haut que les Albigeois ; en effet, ceux-ci apparurent en Languedoc vers l'an 1180 environ, et furent ruinés en 1215, au lieu que les cagots étaient connus sous le nom de chrestiens dès l'an 1000, ainsi qu'il appert du cartulaire de l'abbaye de Luc ; l'ancien fuero de Navarre, compilé vers 1074, fait mention d'eux également ment sous le nom de gafos. Arrivant alors à son propre : système : « Je pense donc, dit le savant historien, qu'ils sont descendus des Sarrasins, qui restèrent en Gascogne ; après que Charles Martel eut défait Abderama, qui en son passage avait occupé les Pyrénées et toute la province d'Aux ; on leur donna la vie en faveur de leur religion chrestienne, d'où ils tirèrent le nom de chrestiens, et néanmoins on conserva tout entière en leur personne la haine de la nation sarrazinesque, d'où vient, le surnom de gezitains, la persuasion qu'ils sont ladres et la marque du pied d'oie. » En effet, s'il faut en croire son raisonnement, l'armée d'Abdérame venait de Syrie, province depuis longtemps connue pour sujette à la lèpre, tant par les témoignages des médecins que par les récits, de la Bible ; de plus, l'expérience aurait démontré que tous les Sarrasins, par nature, sentent mauvais, et la marque du pied d'oie ne serait elle-même qu'une allusion directe aux prescriptions de la loi de Mahomet, qui leur ordonne de faire leurs ablutions plusieurs fois par jour. « L'oie étant un animal qui se plaît à nager ordinairement dans les eaux. » Reste à expliquer le nom de cagots : « Sur quoi, poursuit-il, je n'ai rien de plus vraisemblable à présenter sinon qu'on leur faisait ce reproche pour se moquer de la vanité des Sarrasins qui, ayant surmonté les Espagnes, mettaient entre leurs qualités celle de vainqueurs des Goths. De même que Cicéron nomme chiens ces effrontés qui servaient aux projets de Verrès pour butiner la Sicile. »

Il n'y a pas à relever cette étymologie fantastique, que Marca n'hésite point à condamner chez les autres, et qu'il adopte pour son propre compte avec une légère modification de sens ; mais l'ancien fuero de Navarre, cité par lui, prévoit expressément le cas où les nobles d'Espagne eux-mêmes deviendront gafos (*Infanzon si tornare gafo…*), et seront séparés de la société ; dès lors pourquoi chercher parmi les Mores d'Abdérame l'origine des cagots, quand cette caste pouvait se recruter dans la noblesse du pays ? D'ailleurs, si à cette époque les guerres étaient acharnées entre chrétiens et infidèles, en temps de paix les Mores domiciliés dans le pays ne souffraient d'aucune déconsidération, on ne dédaignait pas de nouer avec eux des relations de commerce ou d'amitié, et même les prisonniers de guerre, s'ils venaient à accepter le baptême, entraient par ce seul fait dans la classe libre où ils étaient traités en égaux. Ainsi s'écroule le laborieux échafaudage de Marca.

Outre ces trois systèmes principaux qui ont réuni successivement un grand nombre de partisans, il existe sur l'origine des cagots une foule d'hypothèses, les unes ingénieuses, les autres bizarres, mais qui toutes, n'étant fondées sur aucune preuve, n'ont guère d'autre valeur que celle d'une affirmation personnelle. Telle est l'opinion de Caxar Arnaut, opinion du reste assez répandue, née d'une mauvaise application d'un verset de la Bible et qui les rattache aux juifs ; l'abbé Venuti pense que ce sont les fils des premiers croisés revenant de Palestine avec la lèpre, sans réfléchir que, bien longtemps avant les croisades, il y avait en France une multitude de lépreux ; Court de Gébelin voit en eux les représentants d'une race qui aurait précédé les Cantabres dans les Pyrénées, et les Bretons dans l'Armorique ; Walckenaer les regarde plutôt comme les descendants des chrétiens de la primitive église ; d'autres en font tout simplement des pellagreux, des goitreux ou des crétins ; mais le système de M. F. Michel serait encore le plus invraisemblable de tous. Ne prétend-il pas en effet que les cagots descendent de ces Espagnols, compromis pour la cause de Charlemagne, qui se virent forcés, après la défaite de Roland à Roncevaux, d'émigrer dans le midi de la France, et, molestés par les indigènes, durent recourir, comme l'attestent plusieurs chartes royales, à la protection de Charlemagne d'abord, de Louis le Débonnaire et de Charles le Chauve ensuite ? Or une distance de près de trois siècles sépare ces chartes de la première apparition des parias ; les Espagnols dont il s'agit s'étaient établis aux environs de Narbonne, précisément en un pays où l'histoire ne nous signale point de « cagots, et en tout cas on ne sait trop comment ni à quelle occasion ils seraient remontés jusqu'en Bretagne. Quant à expliquer l'étymologie vraie du mot de cagot, mêmes contradictions. La plupart des auteurs, M. F. Michel en tête, adoptent cette singulière interprétation de *caas Goths*, chiens Goths. Pour celui-ci, cagot vient d'un participe latin difficile à traduire, qui aurait également formé caqueux ; pour celui-là, il est tiré de l'adjectif grec χαχος, « méchant, lâche et sans cœur, » comme disait l'excellent Lancelot, l'auteur du *Jardin des Racines grecques*. Quelques-uns prétendent que les cagots n'ont pas donné leur nom à la nation des faux dévots, mais au contraire qu'ils l'ont emprunté d'elle : cagot, bigot, seraient des mots d'origine germanique et s'expliqueraient ainsi : *bi gott*, par Dieu, *cap gott*, par la tête de Dieu (*cap*, du latin *caput*, en provençal), exclamations pieuses retournées contre ceux qui exagéraient les pratiques de la religion. D'autre part capot ne serait que l'adaptation française de *capo*, chapon, châtré, épithète appliquée aux juifs pendant tout le moyen âge, et qui, par affinité, aurait passé aux parias ; cacous viendrait de *caque*, petit tonneau, par allusion au métier de tonneliers qu'ils exerçaient assez souvent ; gahet aurait son origine dans le verbe gascon *gahar*, s'attraper, s'attacher, « sans doute, dit Baurein, parce que les gahets avaient une maladie qui s'attrape ; » enfin chrestiaa s'expliquerait par la *crête* ou pièce dentelée de drap rouge qui distinguait ces malheureux. N'a-t-on pas voulu voir dans ce dernier nom de chrestiaa l'étymologie tant cherchée du mot crétin ?

Le plus grand tort de ceux qui jusqu'ici ont abordé la question, c'est de n'avoir pas songé suffisamment au lien étroit qui unit les parias des différentes provinces, par suite de n'avoir pas vu que la même hypothèse, pour être admissible, devait servir à la solution d'un problème commun à tous. Aussi, à tous les systèmes plus ou moins incomplets de ses devanciers, M. de Rochas préfère-t-il l'opinion qui rattache les cagots aux lépreux et qui seule, selon lui, peut s'appliquer indifféremment aux parias du nord ou du midi.

Cette opinion n'est pas nouvelle, on le sait ; c'est celle du Bordelais Venuti et de plusieurs autres comme l'abbé Chaudon et Faget de Baure, mais aucun d'eux n'avait pris la peine de prouver son assertion. Or les preuves sont nombreuses autant qu'incontestables. En Espagne, le dictionnaire de l'Académie, le vieux fuero de Navarre, le *Romancero* du Cid, s'accordent à donner au mot gafo le sens de lépreux et à gafedad celui de lèpre ou ladrerie ; *gafo* dérive, à n'en pas douter, du roman *gaf*, croc ou crochet ; et comme un des principaux symptômes de la lèpre anesthésique consiste précisément dans la contraction des muscles fléchisseurs des doigts jusqu'à imiter la disposition d'une griffe d'oiseau de proie, il n'est pas étonnant que le mot de *gafo*, signifiant d'abord un homme qui a les mains croches, ait servi ensuite à désigner les lépreux. Le terme gascon *gafet*, d'où *gahet*, n'a pas lui-même d'autre origine : or nous le trouvons indistinctement employé avec celui de lépreux dans les livres de coutumes du midi de la France. Le nom de *chrestiaa, chrestian, chrestien*, ne serait lui-même qu'un euphémisme charitable pour désigner les lépreux, à la façon de *frère malau*, frère malade, et mieux encore de ladre, forme abrégée de Lazare ; les lépreux étaient appelés *pauperes Christi, pauperes sancti Lazari*, en langue vulgaire, les pauvres du Christ, les pauvres de saint Ladre ; si peu à peu on en est venu à dire simplement les ladres, rien n'empêche que *chrestian* ou *chrestien* ne soit également une abréviation de l'autre formule, les pauvres du Christ ; nul doute d'ailleurs que le mot de *christiannerie* n'ait servi à désigner les hospices ou communautés de lépreux, conjointement à ceux de *maladrerie* et de *mézellerie*, de l'ancien français *mézel*, lépreux. Quant à l'étymologie de cagot, il suffit pour l'expliquer de rapprocher ce mot du vieux breton *kakod*, qui signifie ladre ; *kakod*a donné successivement *cacous* en breton moderne, *cacosi* en latin, *caqueux* et *cagous* en français ; de là, aux termes de *caquots, caguotz* et *cagots*, également usités, il n'y a que la différence d'une lettre ou deux. Sans doute, pour échapper au soupçon d'hérésie, peut-être aussi parce qu'ils dépendaient plus directement du clergé, ou même par désir sincère des consolations de la foi, les cagots se seront un temps montrés plus assidus que personne aux cérémonies de l'église, mais la tentative a tourné contre eux, et depuis lors leur nom a pris une signification nouvelle, sinon plus flatteuse. En Bretagne, les asiles des caqueux s'appelaient tantôt *caquineries* ou *maladreries*, tantôt encore *madeleines*, et cela aussi s'explique sans peine. En effet, selon dom Calmet, l'illustre bénédictin, les léproseries étaient placées sous l'invocation de saint Lazare et de ses deux sœurs, sainte Marthe et sainte Madeleine ; il est plus que probable qu'une confusion s'est faite entre les deux Lazare dont parlent les livres saints : l'un, le lépreux de la parabole qui vivait des miettes de la table du riche et qui fut reçu après sa mort sur le sein d'Abraham ; l'autre, le frère de Marthe et de Madeleine, que ressuscita Jésus, mais dont nul ne dit qu'il mourut de la lèpre ; cette confusion aura valu à la famille de Béthanie l'honneur de se partager le patronage des lépreux. Deux mots pourtant, *cassot* et *capot*, ne sauraient, malgré l'assonance, se rattacher au radical *kakod : cassot*, que l'on trouve quelquefois, se disait en basse latinité *cassatus*, du verbe *cassare*, séparer : les cassots étaient les séparés du monde ; capot au contraire rappellerait la casaque à capuchon obligatoire pour les lépreux et dont le nom par extension aura passé à ceux qui le portaient.

Si maintenant nous examinons les divers reproches que le préjugé populaire adressait aux cagots, nous verrons que tous, à divers titres, partaient de la croyance universelle en leur état d'infection. Outre l'odeur du corps et de l'haleine, cette fameuse dégradation de l'oreille, considérée comme le trait caractéristique de leur race, n'est-elle pas de tout point conforme aux descriptions de Guillaume des Innocents et d'Ambroise Paré, qui dit, parlant des lépreux : « Ils ont les oreilles rondes pour la consomption de leur lobe et parties charneuses par défaut d'aliment suffisant. » Au moral, les cagots passaient pour hypocrites, fourbes et violents, mais les lépreux n'étaient pas mieux jugés ; on les croyait enclins à la lubricité, mais tous les médecins du moyen âge ont signalé cette disposition comme un des signes de la lèpre. D'autre part, nous savons déjà que tous les règlements de police ou autres qui frappaient les cagots n'étaient qu'un souvenir et comme une copie du système en vigueur à l'égard des lépreux : ceux-ci en effet étaient tenus eux aussi de vivre à l'écart des personnes saines ; « que les lépreux aient une église et un cimetière particuliers, » avaient décrété les Pères du concile de Latran en 1179 ; il leur était défendu de marcher déchaussés dans les rues et de porter des armes ; toute sorte d'emplois publics leur étaient interdits. Veut-on pousser plus loin le parallèle ? Les lépreux devaient porter une cape grise ou rouge, les cagots une pièce de même couleur sur leur casaque ; les lépreux n'étaient point admis à témoigner en justice, les cagots ne l'étaient que dans des circonstances exceptionnelles ; les lépreux étaient exempts de tailles, les cagots pareillement ; enfin les uns et les autres dépendaient soit du clergé, soit des seigneurs. Comment après cela nier qu'il existe entre eux des rapports ou pour mieux dire une véritable communauté d'origine ?

Telle était la conclusion où l'histoire et la linguistique amenaient également M. de Rochas ; mais de bonne heure il avait vu tout le parti qu'on pouvait tirer, pour l'avancement du problème, de l'étude physiologique des parias : il a voulu compléter et contrôler par l'observation directe ce que ses investigations paléographiques lui avaient appris. C'est ainsi qu'il a entrepris plusieurs voyages dans les Pyrénées, d'un bout à l'autre de la chaîne et des deux côtés de la frontière. Le nord de l'Espagne était alors en proie à la guerre civile ; tout entier aux intérêts de la science, M. de Rochas n'a pas craint de s'engager à trois reprises au cœur de la Navarre. il a recherché les traces des maudits, il s'est mêlé à leurs descendants, il a interrogé *de visu*, comme il le dit lui-même, les archives vivantes de ces contrées. Par ses études en médecine, par ses nombreux voyages qui l'ont conduit tout autour du monde et lui ont permis d'étudier chez les diverses races d'hommes les maladies multiples qui les affligent, nul plus que lui n'était capable de mettre à profit ce genre d'information trop longtemps négligé. En effet, M. F. Michel, qui dans des circonstances analogues et pour le même motif visita, il y a quarante ans, le pays basque, s'est occupé beaucoup plus des titres des cagots que des cagots eux-mêmes, qu'il semble avoir à peine entrevus, et jusqu'ici de tous les écrivains qui, incidemment ou *ex professo*, ont traité des malheureux parias, le seul qui se soit donné la peine de faire une enquête sérieuse sur leur état physique serait Palassou, le savant correspondant de l'ancienne Académie des sciences. Dans ses *Mémoires pour servir à l'histoire des Pyrénées*, écrits vers la fin du dernier siècle, analysant les renseignements qu'il a pu recueillir de personnes instruites et dignes de foi, tout d'abord Palassou constate qu'il ne paraît pas que les cagots soient sujets à des infirmités particulières, qu'il est impossible d'établir quelque distinction entre les gens de leur caste et les autres habitants ; qu'ils présentent eux aussi des teints et des traits différents, qu'ils se portent non moins bien que nous, et que plusieurs sont parvenus à la plus extrême vieillesse, que, toute proportion gardée, il ne se trouve pas plus de goitreux chez eux que chez les autres, et qu'il y a même des villages qui comptent beaucoup de crétins, c'est-à-dire de goitreux sourds, imbéciles, et pas un cagot. Passant alors à ses observations personnelles, Palassou déclare à son tour que les cagots ne diffèrent des Basques d'ancienne origine ni sous le rapport du physique, ni sous celui des mœurs : on ne les connaît que par la tradition qui indique que telle famille est cagote et que tel on tel individu lui appartient. Quant à la croyance invétérée que les cagots ont l'oreille courte et arrondie, dépourvue du lobule où l'on attache les pendeloques, lui-même a visité une nombreuse peuplade de cagots sans avoir remarqué qu'une seule personne ayant le lobe de l'oreille court, et partout où de pareilles observations ont été faites, on s'est convaincu que le préjugé populaire dont il s'agit n'a point de solide fondement. Et il conclut en ces termes : « Les faits que je viens de rapporter attestent que les cagots possèdent une aussi bonne santé que les autres habitants. On voit chez eux des familles entières à blonde chevelure, au teint beau et frais, à la taille haute et dégagée ; on en remarque d'autres où la couleur brune domine et chez lesquelles la force et l'adresse se déploient admirablement, quoique les individus soient d'une stature moyenne. Tous les dons de la nature leur sont communs avec les habitants, originaires du pays. » Les termes de Palassou ne sauraient être plus précis, d'où vient donc qu'il se contente de l'opinion de Marca sur l'origine des cagots et qu'il y voie les descendants des Sarrasins ? A ce compte ils devraient reproduire le type oriental si connu : visage allongé, nez droit ; cheveux noirs, teint basané, yeux noirs, brillants et fendus. Même objection contre le système qui s'obstine à les faire venir des Visigoths, car alors ils ressembleraient à leurs pères, qui « tous, au témoignage des anciens, avaient le corps blanc, les cheveux blonds, étaient très grands et beaux à voir. » Il est vrai que, depuis Palassou, plusieurs auteurs n'ont pas hésité à reconnaître chez eux le type blond des hommes du nord. D'autre part, les savants les plus autorisés, Fodéré, dans son *Traité du goitre et du crétinisme*, Esquirol, dans son *Traité des maladies mentales*, M. Littré lui-même, dans son grand *Dictionnaire de la langue française*, les tiennent encore pour goitreux et affectés d'une sorte de crétinisme. Que deviennent dans l'un et l'autre cas les affirmations de Palassou ? La question valait la peine d'être élucidée, et M. de Rochas s'en est tiré à son honneur.

Il n'est guère de village dans les Pyrénées qui n'ait conservé avec le nom des cagots, s'appliquant à tel ou tel lieu, rue, quartier ou fontaine, leur bénitier particulier et la trace au moins de la petite porte latérale, aujourd'hui murée, qui leur servait pour entrer à l'église ; même plus d'un vieillard se rappelle avoir été le témoin ou la victime de ces injustes distinctions. Par contre, il faut reconnaître que le préjugé, sans avoir partout entièrement disparu, tend à s'effacer rapidement avec les années qui s'écoulent, surtout depuis 1830 ; les mariages mixtes, presque inconnus naguère, ne rencontrent plus les mêmes difficultés aujourd'hui et la fortune égalise parfaitement les rangs ; mais cette fusion des classes qui s'opère et dont on ne saurait trop se féliciter rend la tâche de l'observateur bien plus difficile qu'elle ne l'était au temps de Palassou. Tout bien compté, il ne resterait guère, tant en France qu'en Espagne, que trois localités entièrement habitées par des descendants authentiques des anciens parias. La première, Chubitoa, n'est autre que l'ancienne *cagoterie* d'Anhaux (canton de Saint-Jean-Pied-de-Port), séparée de la paroisse par un petit bois de châtaigniers et par un ruisseau ; le site en est salubre, les maisons assez confortables et la population composée surtout de tisserands, à la différence des autres paroissiens qui s'adonnent aux travaux des champs. M. de Rochas a pu examiner de près une quarantaine d'individus : les adultes étaient bruns en général, les enfants blonds pu châtains ; ils avaient les yeux marrons ou gris indifféremment, la mâchoire fine, le nez très variable dans la forme, le front bombé et un peu étroit, la tête fortement développée en arrière ; par tous ces traits comme par leur taille, qui chez les hommes atteint en moyenne 1m,63, ils ne se distinguent en rien de la population environnante. Peu ou point de goîtres, de scrofules : le recensement de 1872 relevait 2 octogénaires sur 194 habitants et 3 enfants par ménage, ce qui est le chiffre normal. Suivant la tradition, dans des temps très reculés, deux armées se sont battues, et ce sont les malades de l'armée fugitive qui, demeurés dans le pays, ont formé la souche des agotes. Encore aujourd'hui les alliances sont extrêmement rares entre les fils des parias et les autres paroissiens d'Anhaux ; tous pourtant se mêlent dans leurs affaires ou leurs plaisirs, et les enfants vont ensemble à l'école ; l'instituteur ne fait point de différence entre ses élèves pour l'intelligence qui est ordinaire. Quant à leurs qualités morales, le curé de la paroisse, qui compte plus de vingt-ans de résidence, a constaté en termes élogieux leur assiduité au travail, leur adresse manuelle, leur politesse, leur douceur et leur modestie. A Michelena, autre petit hameau de 154 habitants, séparé par la rivière du bourg de Saint-Étienne (canton de Baïgorry), le type est le même, parfaitement reconnaissable, mais enlaidi. La plupart des hommes sont grands de moins de cinq pieds ; ils ont la face terne et sans fraîcheur, le nez gros, les lèvres lippues ; beaucoup aussi sont sujets aux scrofules ; mais cette dégénérescence de la race ne s'explique que trop bien, par les effets de la misère d'abord, puis par les conditions défavorables des pauvres chaumières qu'ils habitent et où tout le long du jour ils font mouvoir leurs métiers, entassés sur la terre humide, presque sans air et sans lumière. Du reste ils ont gardé cette forme particulière de la tête, s'élargissant à la région pariéto-occipitale, qui sert à distinguer le Basque de tous les autres hommes de race blanche, comme aussi le contraste, très fréquent chez lui et non moins curieux, entre la teinte claire des yeux et de la peau et la couleur brune des cheveux. C'est en 1848 que pour la première fois les gens de Michelena obtinrent l'entrée du conseil municipal, mais on leur refuse encore celle des familles pures ; aussi émigrent-ils assez souvent dans l'Amérique du Sud.

Entrons maintenant en Espagne, dans la vallée du Baztan, qui n'est séparée de la vallée de Baïgorry et de la France que par un chaînon des Pyrénées. Voici d'abord le bourg pittoresque d'Arizcun et un peu plus loin Bozate qui en dépend et qui fut de tout temps comme le quartier général des agotes de la Haute-Navarre ; entre les deux coule le ruisseau du Baztan qui a donné son nom à la vallée et qui le changera bientôt contre un autre plus historique, celui de Bidassoa. La population s'y compose de 300 habitants environ ; pour le teint, la couleur des yeux, la forme caractéristique du front et de la tête ils rappellent exactement leurs congénères de France et par suite le type basque ordinaire ; toutefois le nombre des blonds serait chez eux plus considérable. Tous présentent sur leur figure et dans leur démarche L'aspect de la force et de la santé ;

à vrai dire, cette vallée est une des plus salubres et des plus fertiles des Pyrénées. Pour leur part, les gens de Bozate élèvent beaucoup de porcs et de volailles ; presque tous cultivent la terre comme fermiers ou petits propriétaires, d'autres exercent les divers métiers nécessaires aux besoins de la communauté. Ils sont laborieux et honnêtes. Eux aussi se croient les descendants d'une armée autrefois vaincue. A l'église, ils occupent toujours leur ancienne place, mais par pure habitude et sans que personne en prenne occasion pour les insulter ; leur bénitier, qui se voit encore en bas de l'escalier des tribunes, demeure aujourd'hui à sec. Pourtant ils n'ont pas la liberté de se mêler le dimanche après vêpres, selon l'usage, sur la grande place d'Arizcun, avec les autres habitants de la paroisse, et ils retournent à Bozate jouer et danser entre eux. Mais c'est surtout dans les questions de mariage que réapparaît le vieux préjugé ; ils sont forcés de prendre des femmes de leur caste ou de partir aux colonies. « Qui voudrait d'un agot ? » disait à M. de Rochas une jeune fille d'Urdax.

Outre ces trois groupes principaux, il existe encore, répandues en Béarn, à Escos, à Dognen, à Lurbe, à Lescun, un certain nombre de familles que la tradition désigne comme descendant directement des cagots et où le sang en effet doit être resté pur de tout mélange ou à peu près. La plupart des sujets examinés par M. de Rochas appartenaient au type béarnais le plus répandu et qui se résume ainsi : taille moyenne et bien prise, tête ronde, traits réguliers, cheveux noirs ou châtains de même que les yeux ; ils avaient l'oreille bien conformée ou du moins l'absence du lobule n'était pas plus fréquente parmi eux que dans le reste de la population environnante ; avec cela, tous sains et vigoureux. N'eût été leur résidence et leur profession, on n'eût jamais soupçonné la tache de leur origine. Autant peut-on en dire de ceux de Terranère et de Mailhoc en Bigorre. Dans le Languedoc et le Poitou le souvenir des caquots et des capots est encore plus effacé que le nom des gahets en Gascogne. Reste la Bretagne. M. de Rochas n'a pas visité lui-même les derniers des cacous, mais il a réuni sur leur compte une foule de renseignements curieux et tout récents. Il semble qu'ici le préjugé soit resté plus tenace et plus vivace que partout ailleurs. En 1872, M. Rosensweig constate que, tout en jouissant de la plénitude de leurs droits civils, ils n'en sont pas moins encore dans les campagnes l'objet du mépris général et quelquefois d'une crainte superstitieuse. De son côté, un médecin de Vannes écrivait : « Les cacous s'allient entre eux ; ils habitent des faubourgs appelés madeleine ; le plus souvent ils sont cordiers de profession, vivant seuls, séparés des habitants, mal vus. Ils ont un caractère méfiant et taciturne. Encore à présent on dirait qu'ils s'étonnent qu'on pénètre dans leur domicile, et leurs yeux fixes, presque sauvages, ne vous quittent plus du regard. Leurs habitations sont malsaines, leur alimentation insuffisante, leurs mariages consanguins, autant de causes pour expliquer la diathèse scrofuleuse et souvent scorbutique qu'ils présentent. Un grand nombre, autant qu'on en peut juger sans prendre de mesure, m'ont paru avoir la tête ronde, presque brachycéphale. » Comme le fait observer M. de Rochas, ce dernier caractère appartient à la race bretonne en général ; quant à attribuer, même en partie, aux mariages consanguins l'état actuel des cacous, en dépit de l'opinion reçue, cela semble beaucoup plus difficile à affirmer, puisque les parias du midi, chez lesquels on ne remarque pas les mêmes symptômes d'abâtardissement, se sont mariés eux aussi à tous les degrés de parentage, sauf ceux qui constituaient l'inceste, depuis le XIIIe siècle jusqu'à nos jours, à tel point que les cagots, comme les cacous, se traitaient toujours entre eux de *cousin*.

Ce qui ressort clairement de cette longue enquête physiologique, c'est que, soit au nord, soit au midi, les cagots ne se distinguent sous aucun rapport des gens reconnus toujours comme indigènes. Leurs traits, leurs mœurs, leurs habitudes sont les mêmes. Bien plus, — et la remarque a grande valeur ici, — les idiomes des différentes variétés de parias sont complètement indépendants l'un de l'autre ; chacun d'eux parle la langue même du pays où il est né, breton chez les Bretons, basque chez les Basques, béarnais chez les Béarnais. Or comment admettre que, s'ils appartenaient à une race unique et distincte, contraints partout de ne vivre qu'entre eux, ils n'eussent pas gardé dans l'expression de leurs sentiments ou de leurs idées un souvenir quelconque de l'origine commune ? Les Juifs, les Bohémiens, quoique dispersés sur toute la surface du globe, ne se relient-ils pas les uns aux autres par d'incontestables analogies de langue, de type et d'usages ? Ainsi s'écroulent d'elles-mêmes toutes les théories qui veulent rattacher l'origine des cagots à des étrangers, Visigoths, Mores ou Espagnols ; à plus forte raison celle qui voit en eux des goitreux et des crétins, et que rien dans l'observation directe ne vient justifier. On se trouve ainsi ramené à l'hypothèse de la lèpre, la seule vraiment explicable. Mal incurable, contagieux et transmissible par l'hérédité, la lèpre, de tout temps connue en Europe, prit à la suite des croisades une intensité extraordinaire ; au XIIIe siècle, on comptait dans la chrétienté 19,000 léproseries dont 2,000 en France ; propagée et entretenue par l'ignorance absolue des règles de l'hygiène où l'on vivait alors, elle resta à l'état endémique jusqu'au commencement du XVIe pour décroître alors rapidement, si bien que de tous les pays de l'Europe, l'Archipel grec et la Norvège sont les seuls où elle se rencontre encore assez fréquemment. D'ailleurs n'oublions pas qu'on admit toujours plusieurs sortes de lèpre, dont les deux principales, déjà décrites par les Grecs, sont l'*éléphantiasis*, la vraie lèpre du moyen âge, et la *leucé* ou lèpre blanche. La première s'annonce par des taches auxquelles succèdent des tubercules de forme et de grosseur variables qui s'ulcèrent fatalement ; le visage en est couvert ; la voix devient rauque et nasillarde, les yeux sont rouges, enflammés, saillants ; les oreilles, rongées d'ulcères vers la base, sont environnées de glandes ; le nez s'aplatit en raison de la destruction du cartilage, la langue est sèche, noire, tuméfiée et semée de petits grains blancs ; la peau inégale, dure et insensible ; le sang s'altère jusqu'à n'être plus qu'un liquide sanieux ; enfin, au dernier degré de la maladie, par suite de la carie des os, le nez, les doigts des pieds et des mains et même des portions de membres se détachent successivement. En d'autres cas, les tubercules sont remplacés par une éruption de vésicules sous lesquelles se forment les ulcères ; l'anesthésie et les paralysies en sont la conséquence ; les doigts se recourbent en forme de griffes.

La *leucé* attaque moins profondément l'organisme, et c'est elle que les médecins du moyen âge attribuent particulièrement aux caquots, capots et cagots, qu'ils appellent de son nom ladres blancs. Les caractères principaux en sont, suivant Guy de Chauliac, vieil auteur du XIVe siècle : « une certaine couleur vilaine qui saute aux yeux, la morphée ou teinte blafarde de la peau, etc. » Donc la lèpre blanche, en tant que gravité, formait comme le trait d'union entre l'éléphantiasis et la lèpre vulgaire d'Hippocrate, qui n'est autre qu'une simple dartre. Elle-même n'a pas tardé à se modifier, puisque deux siècles plus tard, Guillaume Bouchet, le joyeux auteur des *Sérées*, Ambroise Paré, le grand médecin, Laurent Joubert, le commentateur de Galien, déclarent que les ladres blancs ne sont guère malades qu'à l'intérieur et se reconnaissent seulement à quelques signes équivoques tels que la chaleur étrange du corps et sa couleur uniformément blanche et presque de neige, l'aspect lisse et poli de la peau, la bouffissure de la face, etc. Ainsi décrite, la leucé a des rapports frappants avec ce que nous appelons aujourd'hui *albinisme*. Et de fait ce mot n'est que l'équivalent latin du grec leucé et du français lèpre blanche. D'autre part, la science admet avec Isidore Geoffroy Saint-Hilaire deux sortes d'albinisme, l'un dépendant d'une maladie, ce qui serait le cas ici, l'autre constituant une véritable anomalie et qui s'explique par l'arrêt de développement de la substance colorante de la peau. Disparue de notre continent, plus complètement encore que l'éléphantiasis, la lèpre blanche se retrouve fréquemment sous les tropiques, dans l'Inde et dans les îles de l'Océanie, où les voyageurs l'ont plusieurs fois signalée et où les individus qui en sont atteints portent le nom d'albinos et de *kakerlaks*. M. de Rochas, qui avait eu déjà l'occasion d'étudier la vraie lèpre chez les nègres de l'Amérique du Sud, a pu également voir de près les albinos de l'Océanie. Or ses observations personnelles, recueillies sur des sujets atteints à des degrés divers d'une même affection, permettent d'y reconnaître toutes les formes de capoterie, depuis la plus légère, celle qui n'affecte que la couleur de la peau et des cheveux, telle que l'a décrite Laurent Joubert, jusqu'à celle dont parlait plus anciennement Guy de Chauliac et que les ordonnances royales ont appelée « une très horrible et grième maladie. » En effet, ils ont les cheveux et la barbe d'un blond de lin, le fond de l'œil bleu et non pas rouge comme les autres albinos, la peau de couleur blafarde, l'épiderme rugueux, plus ou moins écailleux. Chez tous, on remarque une prédominance excessive du système lymphatique qui se révèle par des diffusions séreuses, des engorgements ganglionnaires et le relâchement général des tissus ; en même temps, leur corps répand une odeur nauséabonde, d'où cet autre nom de *kakerlaks*, qui d'ordinaire en hollandais désigne un insecte bien connu sur les navires, et dont nous avons fait nous-mêmes *cancrelats*.

Ces explications n'étaient pas inutiles pour bien comprendre comment les cagots ont pu être enveloppés dans la réprobation générale avec les purs lépreux, comment d'autre part ils étaient encore capables, malgré leur mal, d'entreprendre des travaux manuels et d'exercer certaines industries. Il n'est pas douteux qu'au début cacous, gafets ou chrestians ne fussent de tout point assimilés aux éléphantiasiques ; mais à partir de la seconde moitié du XIVe siècle, quand l'éléphantiasis disparaît à peu près de notre pays, les individus ainsi désignés cessent d'être des lépreux confirmés et deviennent simplement des suspects ou des ladres blancs, soit en raison de leur généalogie, soit pour des symptômes équivoques, comme disaient les médecins. Ainsi s'explique-t-on que, dans le recensement de 1385, les chrestians, quoique forcés de vivre dans des maisons isolées et de ne point se mêler aux personnes saines, se distinguent pourtant des vrais lépreux, qui eux étaient absolument séquestrés dans les trois maladreries que possédait alors le Béarn. Cagots et ladres pouvaient bien passer pour cousins, mais n'étaient plus confondus. En conséquence, dès 1552, les premiers perdent le privilège d'être exempts de taille pour leurs nouvelles acquisitions, tout en restant indemnes pour les anciennes ; de même le parlement de Bordeaux en 1578 constate une différence bien tranchée entre les lépreux et les gahets, puisqu'il leur rappelle de porter chacun « la marque qu'ils ont accoutumé de tout temps, savoir : auxdits lépreux les cliquettes, et aux gahets un signal rouge sur la poitrine. » Enfin il nous répugnerait d'admettre que les cagots d'aujourd'hui, tels que nous les connaissons, c'est-à-dire sains et bien portants, sans avoir pu renouveler leur sang par des alliances étrangères, soient la descendance des lépreux proprement dits, tandis que cette bonne santé n'a plus rien d'étonnant, si leurs ancêtres n'étaient que des ladres blancs, ou même de faux ladres, car on pouvait s'y tromper. L'éléphantiasis affligea surtout nos provinces de l'ouest, l'Aquitaine, la Bretagne, et y dura le plus longtemps ; quand elle commença à décroître, c'est aux mêmes lieux que sévit plus particulièrement la lèpre blanche qui la remplaçait et qui, beaucoup moins grave, devait s'user à son tour. Sans doute le peuple des campagnes finit par ne plus s'inquiéter des vraies causes qui avaient motivé la séparation des parias et ne craindre plus aucune espèce de contagion ; il oublia même le sens exact, de leurs noms ; mais la routine était toujours là, plus forte que l'évidence, plus puissante que la loi, et il aura fallu attendre jusqu'à nos jours pour que le dernier mot restât enfin au bon sens, à la justice et à la charité.

Voilà donc ce qui fait la découverte de M. de Rochas et l'originalité de son système. D'autres avaient dit déjà que les cagots étaient des lépreux, lui seul l'a su prouver, non sans distinguer toutefois entre les vrais ladres et les cagots de l'ère moderne, bien moins gravement atteints. Son livre se termine par une curieuse étude sur les bohémiens. Bien des fois, tandis qu'il parcourait les Pyrénées, trompé par de fausses indications, il était allé donner de confiance sur un groupe de crétins, ou même de bohémiens qu'on confond souvent dans le pays avec les cagots. Il a été ainsi amené tout naturellement à s'occuper de cette nouvelle catégorie de parias. Quelque intérêt qui s'attache à un tel sujet, nous n'avons pas à le suivre aussi loin : en effet, de bohémien à cagot, à part quelques rapports apparents de situation, comme l'auteur le dit lui-même, il n'y a rien de commun ; les bohémiens constituent vraiment une race à part, les cagots ne représentent qu'une caste dans la population indigène, et, il tandis que les premiers, étrangers par la langue et les mœurs, mis au ban de la société pour leurs méfaits, en furent et en sont restés jusqu'à un certain point les ennemis, les autres au contraire, tenus à l'écart par une mesure d'hygiène d'abord, par le préjugé ensuite, ont repris leur place au milieu de leurs compatriotes dont ils n'avaient jamais été que les victimes. »

ISBN : 978-1985355927